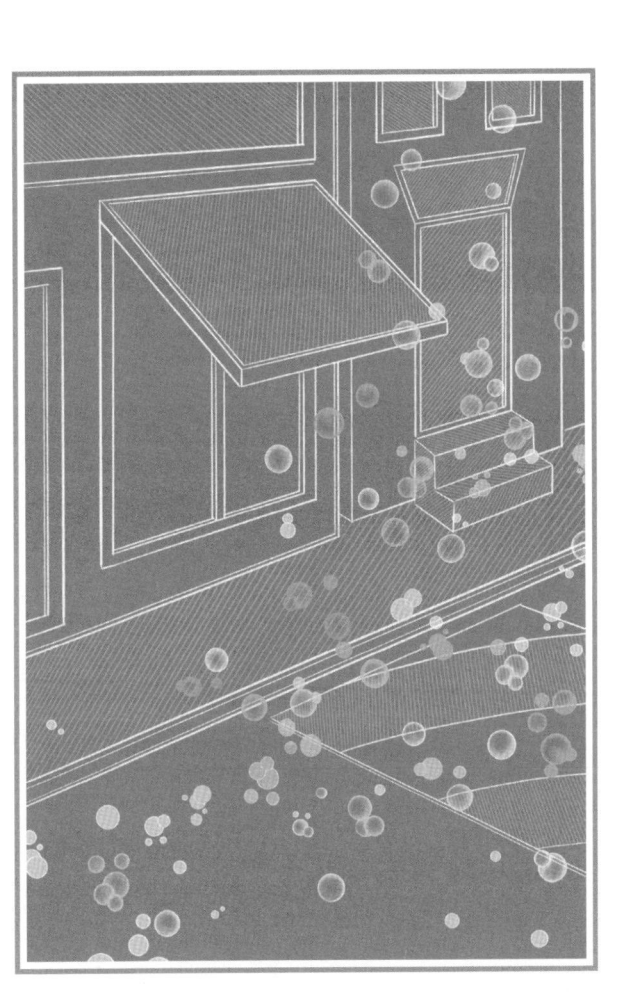

타이피스트 시인선 011

밤새 여진이 있었어

최필립

타이피스트

시인의 말

깨진 유리 조각을 거울처럼 들고 내 얼굴을 비춰 보았다.
투명해서 무엇이든 담을 수 있을 것 같았다.

2025년 10월
최필립

차례

1부 내가 너의 잡음을 이해한다고 해도 괜찮아?

그건 어떤 의미였고	11
밤새 여진이 있었어	12
천착하는 마음	13
게겐샤인	14
계속 밀려나기	17
청어	20
알리바이	24
부싯돌을 부딪치며	27
당신은 멋져	30
석촌호수	32
북채로 가린 얼굴	34
새로운 기후	36
실새삼은 웃을 때 칭칭 소리를 내지	37
파레이돌리아	40
모르는 얼굴인데 초인종 소리만 듣고 문을 열어 버렸어	43

2부 네가 장성해 벌써 이름이었다는 걸

47	비주기 노스탤지어
50	푸성귀 다듬기
54	마른 껍질이 있는 정물화
58	테라코타
62	덩굴장미
64	조소
66	곁에서 표류하고 있었고
69	피상에서
72	산탄총의 문제
76	스칸디나비아
77	넘어지는 송곳들
80	흔들의자 위에 떠오른 별자리
82	고개 베는 큰 칼로
86	차나무밭
90	성춘향은 이몽룡을 모른다

3부 영원을 위한 맥거핀

변장술	95
아르무아	96
히에로파니	97
편안한 상태	100
유실점	106
소년 소녀 귀가기	108
Psst…!	110
circuit	114
기우	119
물총새는 뛰어들어서	122
바구니 가득 증류하는	126
마루가 부러지고 희디흰	130
조영술	134
아스키 연애	137
영원을 위한 맥거핀	143

산문_노스탤지어와 몇 가지 장면	147

1부

내가 너의 잡음을 이해한다고 해도 괜찮아?

그건 어떤 의미였고

 떠난 연인과 밥을 먹는다. 밥알의 질감이 상해 있다. 씹은 형태 그대로 뱉으면 심정지. 살짝 열린 문 사이로 투명한 빛이 내려앉는다. 카메라의 시선은 질그릇의 윤곽을 따라간다. 흰 밥알이 차례대로 렌즈에 들러붙는다. 창밖으로 기차가 지나간다. 흐르는 풍경 속에서 나는 잠시 연인의 실루엣을 사랑한다. 그리고 그릇이 추락한다. 깨진 물은 온통 하얗다. 연인이 입가에 묻은 밥풀을 떼어 준다. 역무원이 다가와 애정 행각을 멈추라고 제재한다. 짐짓 억울한 표정으로 우리의 행위는 소생술에 가까웠다고 말한다. 기차는 절벽을 향해 돌진한다. 실패하는 원추가 계산할 수 없는 속도로 우리를 덮친다. 절벽을 움켜쥐던 실밥이 터진다. 장면과 장면 사이에서 너는 가위로 김치를 자르고, 빈말처럼 찻물을 우리고, 깨진 바위의 부스러기를 대신 덮어쓰고, 너는 고유한 작가의 이름을 지니는구나. 우리가 처음 만난 날을 떠올리지 않는구나. 나 혼자 모르는 기차역에 내렸다. 입술이 입가를 떠나는 마음을 이해할 수 없었다.

밤새 여진이 있었어

밤이 오지 않는다고 생각하면 편할 텐데 여긴 섬이고 우리뿐이야 영원히 눈을 감지 않아도 돼 모든 믿음이 상실되는 시간 다이아몬드들이 하늘에서 춤을 추고 장난감 병정이 하나둘 문을 열고 들어오면 하다가도 손을 흔들어 줘야 해 침잠하는 불빛을 손에 그러쥘 수 있어야 해 만조와 간조를 반반씩 섞어 칵테일을 만들어 줘 한숨에 들이켜 버리자 질식할 것처럼 가장 무책임한 표정을 지으며 붙잡히자 *(우리 가장 멋진 장난을 치자)* 나는 보니 너는 클라이드 포위된 밤들이 한순간에 지나가면 트렁크에서 훔친 것들이 쏟아지고 가령 너의 차가운 눈빛이나 장티푸스에 걸려 죽은 나의 영혼 같은 것들 밤새 여진이 있었어 너는 못 들었겠지 여긴 우리뿐이니까 몸에 가득한 주저흔은 칼날이 흔들린 만큼 남아 있고 영원히 집에 갇힌 사람들이 울부짖고 저 중에 우리가 낳고 기른 아이도 있을까 물에 빠진 그림자를 주워 베인 곳에 밴드처럼 덧댔을까 야자수 너머로 유성우가 쏟아지고 있어 이게 마지막이야 마지막 도둑질이야 네 심장을 훔쳐서 똑딱 시계로 만들 거야 두근대다가 총알이 파바박 떨어져 나오겠지 포위된 밤은 영원히 포위된 상태로 유일하게 우리의 것이 아닌 채로

천착하는 마음

닥터는 핑크 마스크를 사랑해서
내 피가 튀어도 몰랐어

우리가 사는 세계에 견적을 낸다면
서로의 입술을 직각으로 꺾어도 된다면

분홍빛으로 물들어 플라밍고
비인지, 피인지 도통 모르겠어 그러나

내가 너의 잡음을 이해한다고 해도 괜찮아?

게겐샤인

라이터를 땡그랑 열었다

트랙을 따라
불길이 번졌다

오늘의 닥터는
청진기 대신
계주봉을 잡았다

눈을 질끈 감고
곱슬 머리채를 당겼다

주자들은 일정 거리를 두고
트랙의 길이도 모른 채 달리고

우리는 닥터의 미래를 응원해
우리는 닥터의 진료를 방해해
우리는 면사포로 질식했고
심장에 쌓인 먼지를 불었으니까

\>

영사기를 돌리면
디오라마가 상영되었지
산불을 재현했는데
소독하는 풍경으로 읽혔고

닥터는 전광판 아래에서
말보로를 태웠다
주자들은 연기를 따라
달리고, 또 달려도

닥터의 계시를 기억하지 못해
이번 경주가 망했다는 걸 몰라

모두의 다리에 불이 붙었지 꿈처럼 실격을 당했지 늪 속은 붉은 전쟁 같았고 수유실 벽에 모닥불이 그늘지면 미래는 예정처럼 빛났지만

닥터도

\>

우리도

예전에 돌았던 운동장에서
길을 잃을 줄은 몰랐던 거지

계속 밀려나기

붕괴는 도미노를 상상하는 것처럼 쉽게 일어났다

공중제비를 돌던 곡예사가 천막 밖으로 떨어지고
뜨거운 컵 안에서 얼음이 손쉽게 녹아내리듯

단숨에 모습을 드러낸 이미지는 절멸을 뜻하니
나는 텅 빈 방에서 숨도 안 쉬고 부식하는 중
어제 조용했던 지진을 기억하기 위해 안 자는 중

흰 꽃으로 장식한 관을 방부 처리하는 일 나는
지지 않기 위해 얼마나 많은 붕괴를 상상했던가
피뢰침 위에 떨어지고 계속 튕겨 나가며

우리는 주춧돌 위의 기왓장처럼 불안하게 기울고
오래된 행렬의 끝에 서서 다 끝나기만을 기다려

내가 믿는 종교는 성자의 무덤을 파헤침으로 완성되지
돌이킬 수 없는 숨 하나를 키워 첨탑처럼 쌓아 올린 뒤
파편 하나가 총알처럼 날아가면 그 종적을 삼켜 버릴 것

선반 위에 앉아 있던 천사가 빨대의 주름을 천천히 구부린다 굽은 면 위로 물방울이 맺힌다 천사가 남긴 스키드 마크 날개를 펄럭이는 걸 보기만 해도 구역질이 나 살해된 토막들을 닦는 동안 연쇄는 연쇄를 넘어서

바닥까지 빨아들인 진공관 속
도미노는 경계도 없이 다시 놓이지

표면을 북북 문지르면 고함이 들려오고

깨진 구슬을 움켜쥘 때마다
스위치를 내리는 것 같습니다 그러니까 저는

낮에도 야행성이 될 수 있습니까

너는 살고 싶은데
살면서 절망하고 싶은데
어디로 도망쳐도 깨끗한 나무 도마 위

\>

지진계가 고대의 책을 기록하듯
모든 붕괴는 천장이 시작이었다

흔들린 필체 위로 죽은 숨이 스며들고 그렇게

청어

소녀가 검은 마차에서 내린다 나는 소녀의 별자리를 모른다 다만

마차는 굴다리 아래를 지나칠 것이고
사내는 목숨을 부지하지 못한다는 건데
계획은 삼각형만 그린다 해도 어긋나는걸

소년은 벽을 통해 엿듣는다 관습은 스웨터처럼 포근할 수 있었고 달걀 모형처럼 수상한 냄새를 풍기기도 하는데

거품과 끽끽거리는 소리
손 풍로를 돌리며
감자들
부스스 감자들
으깬 것과 싹 튼 것은 어떻게 구분합니까

찬장에 기근이 오는 시절이었다 모은 소설을 팔아 편지를 쓸 거라고 그 편지에는 반드시 눈이, 눈이 온종일 내릴 거라고

>

　네 가슴에 잠깐 귀를 기울이면
　처음 듣는 언어가 흘러나왔다
　푸딩 담은 대야가 출렁이고

　소년은 가끔 고백을 결심한다 감자를 후후 불며 중대한 일에도 순서가 있다는 듯이

　사내는 목숨을 부지했다
　검은 마차는 사내를 발견하지 못했다
　불 꺼진 가게가 많았다
　무르익은 밤 모두 소진하고 말았고

　햇살로 지은 성
　우리만의 부호를 떠올리면
　다년생의 아이들과
　가짓과가 끓고 있는 냄비
　아이들은 입을 와 벌리고
　보랏빛 침을 질질 흘리며

나도 줘
나도 줘
너는 가끔 자웅동체가 된다

소년은 매일 밤 잠망경으로 굴다리 아래를 관찰한다 아래는 원래 검고 더럽다 소년의 아버지는 다이버였다 사인은 당연히 익사

채찍질하는 까마귀가
마차를 몰고 있다
까마귀는 말을 할 수 있다
말은 말을 하지 못한다
둘의 서식지는 겹치지 않았으며
말의 의사와 관련 없이
고양이가 사는
편백나무숲으로 돌진하는 동안

소녀는 수업이 끝났다 국어 수업은 참 재미가 없다 멜빵을 맨 사람은 신뢰하기 어렵다 그리 생각하며

>
귀가한 소녀는

리넨보로 가린 욕조에 몸을 뉘었다
안식이 시작된 것이다

소년은 그런 소녀가
하늘에서 쏟아지는 시체들과 다를 바 없다고 생각했다

알리바이

어제는 유리를 만나기로 한 날
유리 대신 철수가 나왔다

싸락눈이 내리던 정류장
철수는 우산을 들고 날 오래 알았던 것처럼
안녕, 반갑게 손을 흔들었지

나도 안녕,
철수를 유리라고 생각하며 같이

오래된 바도 가고
요가원도 가고
노래방도 가고 아 참
같은 반이었지 우리
교실에도 가보자

철수 너는 유리랑 어쩜 이렇게 많이 안 닮았니
널 유리라고 생각하지만 그러나
끝도 없이 비교하면서

\>

선생님도 없는 교탁에 각진 그림자가 내려앉는다
바닥에 목 잘린 뱀이 철수의 팔목을 물어 버렸다
여기는 유리, 아니 내 친구 철수야 인사가 끝나기도 전에

독이 오른 철수 팔목을 부여잡고 바닥에 쓰러져 있다

철수야 철수야 어서 일어나
내일 청소 당번이 나인데
그렇게 바닥에 뭘 흘리면 어떡해

맞지도 않는 교복을 입은 철수
안쓰럽다고 생각하며

사물함에 철수가 말려 둔 우산이 올라가 있다
표면에 송골송골 맺힌 눈의 결정
그 위로 유리를 닮은 새가 사뿐히 착지하고

저길 보라며

파르르 떨리는 철수의 손톱 끝

나는

아무도 알려 주지 않았던 것처럼 우연히
유리를 목격한다

부싯돌을 부딪치며

노래하지 않는 우쿨렐레를 아니
신은 천둥이 지은 화산에서 태어났고
그래서 (너는) 밑동부터 쓰러지는 거야

알로하 춤추는 댄서들에게도 꼬리는 있지
척추부터 시작된 비늘을 벗기는 손길이 있지

오동나무를 베어 넌 연장의 꿈을 꿔
서핑하던 소녀들이 까마귀 배를 갈라
숨 쉬는 내장을 장작더미에 바른다면

발파하는 안개
젖은 밀짚모자
밀려드는 파도를 그늘에 적신다

하키 채를 크게 휘둘러도
밤은 결코 시작하지 않았다

꼬리가 춤의 곡선 속에 숨을 때

예인선에 먹살 잡혀 끌려가는 기분을 넌 아니
나는 사이 천사의 날갯짓을 본 것 같은데

그때 누가 저무는 날을 향해 방아쇠를 당겼고
눈보라를 뚫고 적란운이 흩어지면
떨림은 저항하기를 멈추고

박무가 있다 나는 것들에 조금씩 구멍이 난다 초점이 많이 엇나간다 밖은
너무 춥고 등대에 빨간불이 정말 빨갛고

그걸 본 소녀들은 서핑하기를 멈췄지 해변에 모여
잘게 잘린 비늘로 까마귀의 뱃살을 수술하는 동안

멀리서
연인이 키스하고
각자의 어머니가 물려준 악기를 하나씩
노래하지 않는 악기들
가장자리에 쌓아

화르르

우리가 지른 불은 쉬이 꺼지지 않고

춤은 숨 쉴 틈도 없이 이어지고

당신은 멋져

 당신이 누군지 나도 몰라 당신도 몰라 여기 있는 그 누구도 몰라 그러나 이 말 한마디 난 할 수 있지 당신은 멋져 나는 당신과 춤을 출 수도 있고 별안간 연심을 품을 수 있고 그러다 당신과 모종의 계약을 하게 될지도 모르지 당신은 정말 정말 멋져 유흥가에 빛나는 네온사인 홀린 듯 주춤거리며 들어가다가 우연히 마주친 당신, 당신의 애인 당신은 나를 처음 봤지만 바람을 피던 그이와 내가 닮았다고 생각했는지 아니면 술기운에 내가 멋져 보였는지는 몰라도 얼굴을 잔뜩 붉혔지 애인은 나를 의심했고 나도 그를 의심했고 하지만 당신만큼은 의심하지 아니하였고 사람에게 기대해도 될까 사람에게 기대기 시작해도 됩니까 나는 당신의 애인과 주먹다짐을 하는데 당신은 맑은 안색으로 옆에서 아름다운 노래를 불렀지 풀피리 흥얼거리며 술병이 날아가고 피가 흥건하고 그런 유혈극 속에서 당신은 동요하지 않네 어떤 동요도 부를 수 있네 이 유흥가에 동요를 들을 아이는 없지만 당신의 뱃속에 있을 수 있고 그러나 우리는 아직 준비가 되지 않았어 어떤 태세도 갖추고 있지 않았어 결국 피 튀기는 육박전 끝 나는 깨진 유리 조각으로 당신의 애인을 살해하고 당신이 내게 속삭였지 당신은 멋져 우리는 오늘 밤 한 명을 죽였으니 두 명도 얼마든지 죽일 수 있어요 다음엔 가장 무고한 살해를 해봐요 나는 당신에게 어떤 도의적 기대도 하지 않고 우리는 이제 그렇고 그런 사이니까 당신도 나도 다음 사람을 찾아도 될까 서로의 품속에서 다른 사람을 사랑해도 될까 꿈 깨며 산산이 조각나는 유리병 나는 껍데기만 남은 몸으로 당신을 더듬었고 얼굴 붉히며 나를 끝내 외면하는 당신 펌프질하는 내출혈 나는 꺼져 가는 숨으로 헐떡이며 읊조렸네 "당신은 멋져……" 뒤도 돌아보지 않는 당신

° '마음'을 속되게 이르는 말.

석촌호수

 우리는 경험적인 사랑을 했지요 너는 의자에 누워 있었고 나는 귀가 먼 것처럼 너의 숨소리를 상상했지요 이 세상엔 얼마나 많은 차라리가 있었을까 물에 들어가 상상해도 숨이 멎지 않는다면 하루 종일이라도…… 경험은 늘 고통을 수반합니까 당신도 나도 아프길 바란 적은 없는데요 그러나 잠귀가 밝은 사람은 새가 뒤척이는 소리도 들을 겁니다 메시지를 보낼 때마다 "사람"이라고 치면 하트가 튀어나오고 그대의 박동 소리는 한 번도 틀린 적이 없는데 당신은 사람들 곁에서 내가 여기에 없다고 말했고 없다고 상정해 가며 그래서 나는 이 세상에 없는 사람처럼 행동해야 했었나요 귀에도 물이 찹니다 함께 듣던 노래가 라라라 흘러나오고 나는 조용히 무너지는 상상을 했습니다 이상한 꿈이었어요 너는 지워지듯 쓸려 났고 눈앞의 능선이 조금씩 흐려질 때 내가 살던 행성에서도 너의 머릿결이 흩날리는 게 보일까 나는 숨이 차고 걷는 것도 멈추고 싶어져 예전엔 당신보다 빨리 걸었지만 이제는 아닌걸요 나는 퇴행하고 있는걸요 하나의 소실점은 곧 둘로 나뉘고 나의 두개골이 쪼개지는 상상을 해 또 하얗게 질려 가는 표정에 너는 걱정을 할 테고 잠시 눈을 감으면 네가 알던 세상은 무너질 거야 문득 어디서 시작했는지 기억도 안 나겠지만 나는 너의 그림체를 닮아 가고 왜 따라 하느냐고 문책하지 말아요 다른 표정으로는 웃을 줄 몰라서 난

북채로 가린 얼굴

나의 이명은 파랗게 질려 가고 있었다
한낮의 소음이 유효한 시간 감각에 놓일 때
지속되던 세트는 초인종 소리와 동시에 끝났고

불길한 것은 가끔 심미적이기도 해
개와 고양이가 울거나 짖는 시간
짓이긴 재는 눈금 밖으로 삐져 나가며
상호작용하던 아름다운 벽안(碧眼)과 벽 속으로
흰 벽지를 발라서 울부짖는 예술가의 울대 사이로

시시비비를 가리자 손에 쥔 촛대를 휘두르며 꼭
강하게 커야 한다 넥타이를 조이며 하는 말

이따금 조명이 켜지면 완연한 나체가 되어
송곳으로 찌르듯 육박하는 초침의 마라톤
총성이 들리면 우리는 다른 탄도를 그리며 날아갔고
수면에 가라앉거나 떠오르시 않을 깃
삶은 식은 아이스크림처럼 서서히 파멸하는 것

자객이 숨은 옷장에서 코르셋을 꺼내 입는다
접합된 무릎으로 연료를 흘리고
발생하는 구멍, 눈을 맞추면 꼭 닮은꼴이 되어

사선에서 바라본 너의 표정은 찢어져 있다
그 흠집 없는 웃음으로 날 껴안아 줘

작아진다 흔들리는 심판석 위에서
녹진하게 녹아 눌리는 가늠쇠

그림자와 키스하던 아이들이 옷장으로 들어간다

꿈을 꾼 것 같아
입 밖에 마을버스가 멈춰 섰다

새로운 기후

건물을 지나고 있다. 모르는 사람으로부터 전화가 왔다. 그 사람은 방금 깨어났고, 꿈에서 도도새를 봤다. 나는 전시장으로 들어간다. 외국어 하는 사람이 한국의 가옥을 그리고 있다. 그의 붓은 거위털로 만들어졌다. 두꺼운 꼬리가 목덜미를 스치고 간다. 인기척에 뒤를 돌아본다. '뒤를 돌아보지 말 것'이라 쓰인 표지판이 보였다. 휴대폰을 확인한다. 이제 모르는 사람과 통화한 기록은 남아 있지 않다. 사거리에 거대한 새가 날아간다. 외국인이 새를 가리킨다. 모두가 그 새를 바라보고 있다. 놀란 새의 큰 부리가 오래된 동상과 부딪혔다. 동상은 민족주의를 상징한다. 무너진 잔해를 바라보고 있다. 더미 사이로 어린 새의 울음소리가 들렸다. 나는 그 새가 멸종한 옛 동물이라는 것만 알고 있다.

실새삼은 웃을 때 칭칭 소리를 내지

기품을 잃은 손차양은 언제 지치지

나는 새벽 해에 묻은 그림자도
술그릇에 담아 먹었다

돌무덤을 이긴 원석
가로축처럼 간지러워

미끌비누를 줍다가
맨홀에 빠지는 꿈
다시는 꾸고 싶지 않고

잡은 안전바 빗나가서
분필로 칠한 색종이
열어 봐도 별 가루 없는데

누가 내 이름을 부르는 도중에
최초로 철책을 넘어섰다

아찔한 전율이 골을 울리면
자명한 추상이 떼로 몰려온다
후줄근한 입지 않음과 입음

노랑 빨강 민트 모르고
울음을 세지 않았어요

창가에 닿은 발걸음
옮은 마음으로 한참을 웃는데
그건 네 실수가 떠올라서였고

어제는 과일박쥐가 날지 않았는데

블루 드레스 흩날리며
잘 귀가했을 거라 믿어요

그건 손 틈새로 흘러는 비밀
홈브루에 묻힌 감응 작용

키보드 위 짧은 디스코
기운에 어질어질했고
눈뜬 곳은 나팔의 보폭

어느새 글라스는 짠하고 부딪힌다

오랜 전설에 살다 간 사람의 눈을 비볐다

이제 바닥을 딛는 네 손에서
줄기를 더듬는 신의 주접까지

차라리 눈 감고 있을걸 그랬어
마법 거울을 이해하지 못할 것임

파도로 착각한 곳에서 나만 산책했더니

파레이돌리아

오래된 거실

먹다 남은 맛살처럼 눅눅한
붉은 물감이 흐르고
화방에 앉아 골똘한 너의 동공 사이로
알을 밴 시계추가 흔들린다

태곳적에 집을 태운 적이 있다
망한 영화 세트장이라 해서 마음껏 태웠다

커피숍에서

죽은 배우와 미팅이 잡혔는데 다른 사람이 왔다
바빠서 늦는다고 했다

그날 밤

아빠가 비싼 크레파스를 사 오셨어
자는 내 귓가에 고래고래 소리를 질렀지 여기

먼지 낀 구석에 앉아 불난 집을 그리는 아이

잘 안 보이지? 이제 흐릿해서

마비된 손가락으로 또래들이 들을 수 없다던 음역을 어루만졌다
보기 좋게 깨진 가족사진 속 웃는 것처럼 보여
모르는 얼굴이

어떤 우연에 의해 파편화된 점 세 개 중에도 소실점은 존재하지
진정제를 맞은 사진사가 목소리를 잔뜩 깔며 말한다 온통 빨갰던 날 우리는

한증막처럼 뜨겁게 쉬고 있었는데

신발을 벗고 들어가면 아직도 양말에 핏자국이 묻었다
재를 지르밟을 때마다 못한 말이 턱밑까지 차오르고

낡은 액자 틈에 숨겨 둔 비상금이 사라졌다

아무도 모르는

캐릭터가 그려져 있는 크레파스 뚜껑
너덜너덜한 가격표가 붙어 있고

엉긴 물감 사이로
사과를 연습하는 아빠가 보였다

모르는 얼굴인데 초인종 소리만 듣고 문을 열어 버렸어

 모든 날 모든 밤을 낭비한 채로 물기를 짜내고 있었지 호밀밭에 또 다른 그늘이 드리웠고 어느새 일어설 힘이 없어 터널 밖으로 푸른빛이 새어 나오는 찰나 그는 처음으로 실패를 경험하지 않았다 울창한 눈보라 사이 힘없이 빠져나오는 나이키 차림의 여자 물기 밖으로 젖지도 않고 용케 빠져나왔잖아 터널 속을 달리다 백야가 찾아오면 우리는 여기에 갇혀서 숨도 못 쉴 거야 아무도 보지 못하게 나체로 조명 아래를 거닐어 보자 마침내 갈증은 빙빙 도는 눈동자만큼 가벼운 것 한없이 푸른 세 겹의 복도 불 꺼진 가게에서 술잔을 기울여 봐도 네온사인은 한 번도 켜진 적이 없는 것처럼 껌뻑껌뻑 인두겁을 둘러놓은 유리문 속 우리가 비밀스럽게 꾸며 놓은 일 어제 온 손님도 모를 거야 아무도 모르는 채 도착하고 흩어지는 풍경 속인데 누가 미리 내 양털 침대를 데워 놨어 누구야 아무리 걷고 걸어도 도착하지 않는 집에

2부

네가 장성해 벌써 이름이었다는 걸

비주기 노스탤지어

내가 미래를 엿보고 온 건 비밀이야 (모두에게)

파스텔로 분한 춤
너는 바뀌었어 (아니야 똑같아)

빛의 조경은 문 앞에서 꾸는 꿈
이루고 싶었던 휴양지의 안녕은

노이즈의 종류는 다양하다 터널은 조금 균열이 났을 뿐 튼튼하다 그래서 살짝 열린 끝에서 능소화는 결심한다 그런데 무슨 색으로? 무슨 색으로……

사람이 눕는다
침대에도 막간이 있다
커튼이 흔들린다
비바람에 담뱃불이 꺼진다
불편한 곳이 생겨난다
불어난 곳이

계속 두드렸다 물체 위에 빛이 맺힌다 평야로 뛰어든다
커튼을 여는 손과 닫는 손

   나는 정말로 미래를 엿보고 왔어
   가끔 집에 돌아가지 못하는 꿈
   (아니 원래 나는 집에 안 살던가)
   그러니 불현듯 취한 동작
   틀린 번호로 온 전화처럼

   큐는 큐를 향한다
   큐는 큐를 노리고 있다
   내려놓은 잔에
   큐가 비친다

가끔 무언가를 놓으면 문 두드리는 소리가 난다

나중에 다시 찾아갈게
믿음의 근사치는 오랜 의식처럼 도저하고

터널 끝에 가닿았는데 공백을 포함합니까
빛이 명맥을 멈추는데 우리는 돌아갑니까

큐는 물컵으로부터 미끄러진다

문을 두드린다
두드린다
또 두드린다
비틀림
좁고 가느다란 실개천
조금 더 비틀림
무너지는 우리 집
비틀림의 반복으로
가정은 훨씬 행복해질 수 있다고

큐는 미래로부터 배운 게 없다고 했다

여름에 만난 소꿉친구가
우리 크면 꼭 결혼하자고 했다

푸성귀 다듬기

쇠 파이프의 생김새
고르지 않다

우리는
유리는

퓨즈가 터지듯
타는 아픔
투영한 물빛

나선형으로
나선형으로

오해는 바벨처럼 실패한다

경과와 편차
오랫동안 시달렸지
가득했지

불안을 찍는 카메라
우리 집에 가학은 없기로

낡고 물든 판자
꿈을 재현하라
나는 불행한 사람

이상해
저기 걷는
기울어진 동물

사람은 원래 따뜻한 적 있고
사람은 따뜻한 적 없고

길게 자른 손톱
고원을 거닐다
한 번에 뽑았을 때
똑 하고 분질렀을 때

당신의 마음을 할퀴었다면

여러 번 저질렀던
참지 못하고
아주 여러 번

네가 장성해서
벌써 이름이었다는 걸

기억해

날의 서두에
저승은 벌레 물림과 찾아오고

좀처럼 하얗지 않다
속눈썹으로 당긴 방아쇠

새로운 너°
를 위해

° my bloody valentine, 「New You」.

마른 껍질이 있는 정물화

날아간다
가위처럼 질색한 채로

청귤을 휘젓는 막대
네가 상큼한 이유는 어쩜

멀리 어룽져 날고 있다
아픔과 아픔은
벽을 사이에 두고 운다

우리는 한 번도 만난 적 없지만
만나는 사이라고 말하기는 하고

청새치는 풍경으로 귀결한다
지워지는 눈썹
중첩하는 다이버들

돌아온 고향에 알아보지 못한 친척이 너무 많았지

섬광을 오렸다
하늘에 벌거숭이가 떠다녔다
능선 위로 붉은 엉덩이가 도사렸고

너는 그것도 모른 채 치일 뻔했잖아
세상에 차는
치이면 죽는 차와
죽지 않는 차
어쩜 네가 상큼한 이유

손잡이가 거꾸로 매달리고 있다 뼈들이 제대로 작동하는지 궁금하다 너는 이불보를 개고 습관처럼 청귤차를 마신다 꿀꺽이며 밤은 찾아온다 숲으로 간다 성에로 가득한 편백나무 숲에서

나는 너를 잃어버리고

잎에 앙고라 털이 엉겨 붙는다 사선으로 짠 카펫은 전생처럼 몽정하고 있다 패턴으로 가득한 방에서 너는 해수욕

을 한다 탈각하는 빛이 따갑지는 않은지 늙은 천사가 통행권을 나눠 준다 어디로 가나요 반짝이 흩날리며 어디로 선풍기가

  빙빙 돌고
  끈적이는 손가락을
  하얗게 굳히는 동안

  고개를 돌리면
  깊은 듯 물속
  수업 중인 천사와
  끝없이 뛰어드는 다이버

  너무 많은 시침
  풍덩 풍덩
  박동은 조금씩 엇나간다

  키스하는 연인 사이로 라마가 지나간다

너는 숙제가 뭐였냐고 묻는다
뭔가 지나갔다고 한다
나도 봤냐고 한다
좋아하는 차가 있다고 한다

방학이 시작했다고 말하지 못했다

테라코타

건너편 유리에 비치는
눈 위의 동전

여러 색채는 여러 색채였다

격자무늬로 펼친 미래는
갑자기 흐르는 음악 소리처럼

소음과 연
끝에 가서 조각날 것
투명은 물에 뜨지 못하니까
나는 여기서 기구 타는 사람
바닥에 부딪힐 것처럼 가까웠고
돌려놓기 위해 안간힘을 썼는데

단단히 베인 손가락
포기할 정도로 끊어졌지만

기구는 제때 착륙할 줄 모르고

>

영사기는 계속 같은 장면을 보여 줘서

다리가 무너졌다
동전 떨어지는 소리
인기척이라 불렀던 모든

우리는 관 안에 있다
밖에 있다
어떤 구워 내기 방법은
전류가 필요하지 않다

빛은 궤도를 따라 천천히 움직인다
다가오는 기분이 든다

빛에 가까워지면
조금 데일 수는 있지만
가끔은 말해 볼래

달링 나의 유령
꼬집은 하품처럼
케이크는 다 타버렸지만

여기 모두가 널 위해 있어
톱니로 파열음을 내면서
여기 모두 널 위해 있어
하지만 그런데도
너는 입을 크게 벌릴 것

그건 일종의 훈련이었으니까
비명을 지르고
물장구를 일으키듯

훈련

네 허락으로 죽어 갈 거야
사랑하는 동물에게 모이 주는 것처럼

초인종을 눌렀다
동전이 우수수 떨어졌다

우리는 매일 불시착을 연습했다

덩굴장미

구(球)의 결을 쓰다듬는다

사랑하는 사람은 빛을 망각하지 않는다

맑게 떨리는
진자의 얼굴

움직이는 창틀과 끝에 맺힌 시선
흐름과 함께 움직이는 물방울들

가정은 비늘을 수납하고
동전 끝으로 살살 긁는 기분으로

좀처럼 벗겨지지 않아

하얀 이를 드러내는 쪽빛
영혼에도 가시가 돋는나는 걸

몸울림악기는 제 몸만 울릴 뿐 사람은 해칠 줄 모른대

>
메타포
먼발치서 가까운 발치로

사람은 왜
사랑은 왜

커튼에 묻은 손과
그 손을 잇는 그림자놀이

행렬이 내게 가르친 건 영원뿐이라고

열고 싶지 않아
온종일

돋보기 들고 개미 태워 죽이던 아이의

눈이 마주치는 것

조소

동생은 왜 옷에 깃털을 묻히고 다니냐고 했다
빛 더미가 된 집을 쳐다보며

하나둘 깃털이 뽑힐 때마다 나는
명도가 밝아지는 지붕 위를 우러러봤고
게임기를 훔쳐 간 친구가 조금 더 미워졌고

몸속 백혈구의 굴절이 뚜렷해지면
난파선 위에서 축구하던 친구들과
골키퍼를 하기 싫어 조용히 죽어 있던 내가 겹쳐 보여서

먼지가 빛처럼 내려앉은 구슬 더미
풀피리 흥얼거리며 퍼덕이는 나방 떼
동네 다방에 마실 나간 엄마와 잃어버린 필름 카메라

나는 가닿지 못한 채 엇나가는 초점을 붙잡으며
잿더미가 된 피사체에 빛을 투영시켜 보지만

여기는 이미 너무 많은 빛이 머물다 간 곳

어떤 형용사도 붙지 않는 서툰 드리블이 펼쳐지는 곳

게임기 속 얼마나 많은 마리오가 살해당했을까
곤죽이 된 둥근 절벽 밖으로

끝끝내 망을 흔들지 못하고 엎어진 내가 있다
부서진 게임기를 들고 비웃는 친구가 있다

삽과 망치로 두들길 때마다
하얗게 질린 얼굴이 아른거렸다

곁에서 표류하고 있었고

여기엔 어떤 모양의 수영장이 있을 수 있지
가운데가 텅 빈 수영장
베레모를 거꾸로 쓴 구조 요원

너는 천천히 물에 빠진다
입꼬리까지 미친 미소를 지어 줘
유령이 기른 제라늄
시들지 않게 립밤을 바르고
산들바람처럼 다가갈게

날개에서 물과 빛깔이 빠져나가고 있다
그럼 뭐가 남지?
뭐가 남을 수 있나요

가슴에 하트 모양 털을 기르는 남자
센강이 마르고 있다 모르는
가게에 불이 켜졌다

다른 차원에서, 다른 공간으로

기포가 피어오르고 있고

필리아, 익사체와의 우정
에로스, 포말을 일으키는 절벽
아가페, 우리가 잃어버린 무정형

남자가 다이빙대 위로 올라가고 있다 거기는 위험해 위험해요 투신하며, 여울물 위로 생기는 그림자 바닥을 치고 올라오자 흑점은 점점 커지고 설혹

나의 부고를 듣지 못해도
넌 이미 반쯤 죽었으니까
너는 너의 구원이니까
(잘할 거라고 믿고)

나무로 지은 문이 불타고 있다
불타며 생긴 검은 물결

모래톱을 딛고 일어설 수 있나

사포로 비빈 살갗에
날개가 살랑일 수 있나

극복할 수 없었던
미래에 대하여,
모래 상자가 엎어지는
속도에 관하여,
그러나 끝내
꺾이지 않는 곡면
에 대해

애쓰고 있었어

익사체가 알아볼 때까지
그의 눈빛이 다 떠오를 때까지

피상에서

그들은 귀가를 서두르고 있었다
작살이 힘을 다해 쏟아졌고
절정의 점묘법은 다 익히지 못했는데

학교에서
뒷문으로 등교하는 천사는
폭풍우를 잊어버렸고

귀가를 서둘러야 할 이유를 강설하는
이들은 빗방울을 쓰다듬고 있지

프리즘 위로 썰매가 미끄러졌다 같이
걷던 친구가 눈총을 보냈다
우리는 구형으로 쏟아지고 있다고
바닥에 떨어지면 보기 좋게 깨질 거라고

천사가 고대의 슬로프에 땅볼을 튕겼다
야수들은 멋지게 슬라이딩에 성공했고
빙하 속 잠수함은 침묵하기 위해 존재하니

\>

최대한 공정한 각도로
사람은 기울어지고 있지
죽은 어른들이 해야 할 일이었지만

빗자루의 끝을 꼿꼿이 세우고
보랏빛 하늘을 조준하고 있었다

멀리 떠나기 전 감정들을 모두 네게 줄게 비애와, 사랑과, 미움과, 회의를 듬뿍 담아……

무던히 쏟아지고 있구나
붓은 공백을 이해하지 못한다

천장이 울렁이네 결심을 할 줄 안다는 듯이
우리는 태곳적에 판 구덩이에 얼굴을 묻었고

마지막으로
뒤를 돌아봤을 때

배후가 노려보고 있었다

얼굴 뒤로 얼버무리며 흩날리는
빗물에 지문처럼 번지는,

일별을

산탄총의 문제

내게 고요한 사람은 양압식으로 움직여
들숨과 날씨 투명했고요

가슴 높이만큼 올라온 파고
나는 아직 너의 그림자를 껴안고 잔다

붉은 간판의 확장성
무게를 지탱하지 못할 것
쓰러진 품에 적은 수인 번호
까인 무릎 쓰다듬으며

빈방에서 빈방으로
온기에 대해 상상하지 않는다

어떤 애정은 누군가의 일생이 되기도

우리는 한마디도 나누지 않았지
떨어지는 것은 닮았고
물리는 것은 멈췄고

아름다운 건 계속 피 흘리도록

괴물이 연 오찬에
계절마다 초대받았는데

끈적이는 벌레를 입안 가득 넣고
여름 캠프 상상하면

친구가 빠진 저수지에
나의 몫도 더하고 싶었지만
맞은편에 앉은 그로테스크
미혹하는 얼굴로 물어봐

나는 아직 대체 가능한 사람?

과거가 아닌 미래가 삼킨 생
되새김질하는 밤의 네온사인은 패랭이꽃

촛불이 꺼지면

원은 결과로 나타났다
양잿물에 비친 괴물이
욕실 밖까지 나와 붙었고

필기체로 헛디딘 섬광
오래전부터 복종을 원했어
스파이크에 찍힌 새살처럼
(이것도 일종의 만족지연?)

나는 괴물의 마음을 이해할 줄 알았죠

누굴 죽이기 전에
생은 끝나 가므로
공이치기는 분주할 수밖에……

흩어지듯 발산하는 빛을 따라
납 구슬은 하나둘
네 몸에 고개를 처박았다

Fraternité!°

안 다친 게 어디야
툭툭 어깨 털어 주며

영원히 못 볼 얼굴 아로새겼다

° 프랑스어로 '형제애'. 프랑스 혁명 구호 "Liberté, Égalité, Fraternité" (자유, 평등, 박애)에서 유래한 말.

스칸디나비아

근처에 침실이 있다. 손을 뻗어도 닿지 않는데 동행인은 드나든다. 계명에 눈을 떴지만 땀이 흥건하다. 이중창이 난 별장의 침실에 누워 있다. 동행인의 발걸음 소리에 꿈에서 깬 듯. 꿈에 분명 독실이었는데 여기는 최소한 다중이용시설이다. 사람들은 간이 옷장과 소파 등을 고르고 나는 꼼짝할 수 없다. 인파 속 순록이 뛰어다닌다. 순록을 돌봐야겠다는 사명이 발생한다. 공간은 역학적으로 움직이고 순록은 벽에 치일 기세로 뛰어간다. 자세히 보니 뿔이나 이빨이 없다. 침실 천장에 짐승의 이빨이 모빌처럼 매달려 있고 사람들은 가구를 고르듯 신중하게 자신의 것을 취한다. 순록이 벽에 부딪혀 비명을 지르는데 아무도 동요하지 않는다. 심지어 순록을 돌봐야 하는 나조차도. 동행인이 이곳의 투시도를 전달했다. 순록이 죽은 지점에 엑스 자가 그어져 있다.

넘어지는 송곳들

연체동물의 연대가 다가오고 있어

흐물거리며 시작하는 시간 속에
기상하지 않는 새와 개가 있고
모두 모여 발생하는 피리미딘의 형태

각자 쥐고 있던 폴대가 떠내려간다
우리는 구체로 사랑할 줄 몰라서
타지로 떠난 토템을 끝까지 증오했지만

한껏 웅크렸다가 펴지는 순간
무방비의 내가 수면 위로 떠오르고
다른 야외에서 시작한 발자국이
주저흔처럼 무작위로 생겨나지

발보아는 계속 맞기만 하는 것 같은데

밤새 여진이 있었어
진원을 알 수 없는

\>

서 있다면 무너질 거야
새로운 안색이 나타날 거야
낙타가 비탈길에서 미끄러지고
쇠구슬이 가판대를 치고 갈 거야

대합실의 문설주는 진액으로 빛나고
미래처럼 흔들리는 너의 요람은
어떤 추력으로 뭉치고 흩어지니

보아뱀이 토해 낸
훔친 발과 섬

모래가 식도를 타고 내려간다
바닷물이 끝을 데리고 간다

이미 해신한 약속을 떠올렸다

깨진 거울을 시현하는 밤

불거진 핏줄처럼 우리는 시들고
덧댄 상처에 묽은 보드카를 붓는데

흔들의자 위에 떠오른 별자리

난 그냥 쳐다만 봐요

사랑이 되자 청유로 불러도
기도하지 않은 연락은 대기처럼 뭉치고

팔에 안긴 아이가 남자의 옷깃에 스친다
스프링이 엉킨 침대가
건물 밖으로 추락하고 있다

반짝이는 유리 결정이
머리맡에 쏟아졌다
여름 호수는 두 번째 응시
우유니가 성자들의 무덤이 될 때

다시 똑같은 천장
다른 얼굴이 초침에 부딪히고
우리는 찍찍으로 꺾어
솜사탕이 녹아내리는 걸 보고만 있어

퀼트를 짜는 밤
우리는 바늘처럼 사라질 거야
애원의 꼬리표를 붙이는 동안
작은 낙타가 녹슨 철문을 열어 줄 거야

달리고 있지
속도를 느끼며
차창 밖으로
소금 결정이 나리고

사랑이 된 사람들은 영영 돌아오지 않는다고

고개 베는 큰 칼로

쿼리에 웃자란 뼈 묻는다
우리 멜로 요란하게 시작할래?

1:1로 대적하는 포즈
어떤 구문은 표적할 수 없대
그래서 내 추신도 지워진 거고
(궁금해하지 않기로 해)

직유 하는 고별사
연차 다 써서 오아 부리 떼어 놓는다

예거밤에 빠진 부표 타고 흐느적
빛나는 아몬드 또 물의 일으켰고

그러니까 (더) 사랑해
껴안은 피상 자꾸 배치를 바꾸는데

비스킷에 난 문양, 깨물어서 더 번져
불난 둥지 구경하던 새 서편에서 왔다

갈음한 채석장에서 텅 빈 캐비닛까지

내 투명한 미래는 너의 것
날 죽여도 머리까지 좋아하니까
섬망 하는 마음도 이해할 수 있지?

비질 때문에 깨진 거울 보고 있다
안중에 낀 먼지가 보여서 무서워
문의하신 골절은 저희도 염증을 모르고요
낳아 준 신도 몰라 울 것만 같아요

아니 그러니까…… 가만 보면 나보다 날 더 잘 아는 꾸러미야! 적지 않은 예비를 흠뻑 맞고도 울렁이기만 하는 얼굴 주형에 부어 갖고 싶어 그래도 되지?

풍차 도는 심정 증폭한다
암표 샀던 것 후회하지는 않는다
동쪽에서 명인 났고
뉴런 쏟아 밑줄도 그었으니까

\>

마침내 이름은 전생의 인테리어
교접한 캡슐 박 터지듯 터졌지만
숨은 톱노트 확인할 수 있어 오히려 좋아

날아간 고깔 이제 다른 남자가 썼다
개가 된 사람 역 지나치면 코 킁킁거리고

지즈와 재즈 사이에 꼬리 친 가치 멘톨처럼 퍽 싸늘했지
만 악보 위 미끄러진 손가락 어디 갔지 일순 잃어버렸는데

역사 셔터 굳게 내려갈 때
이제 나 너 기다리지 않고
날 선 곡괭이 상자에 챙기네
또 에두르고 타이르네

청동에 베인 파도처럼 가만히

곧고

길게
자란
수염

선명한 육박과 함께
죽죽 지기만 한다

차나무밭

꿈을 이해할 수 없어

천장은 빛으로 가득했고
계단의 전개

필적은 모래처럼 파인다
파도가 있던 그림자
분명 기억하지

기다리는 장소
우리는 서로를 알아볼 수 있었나

흐르는 이미지
좀 더 빠르게
여름날 달려간 음수대처럼
안녕,
그러니까 안녕
과격한 인사는 가끔 반갑기도 해

입문하는 밤은 품은 잎처럼 뭉근하고
파란 칼은 꽃무늬 컵에

빈 종이를 찌른다
집에 돌아오는 일
다시 나갈 것
적은 적 없다
시퍼렇게 물들 것
미끄러운 쪽 떨린다

붉은 갈피로 가득한 방
지나는 기차마다 붙잡아야 할 것 같아
꿈을 이해한 적 있다
미분이 바닥까지 가라앉는 기분

금이 가는 절벽의 십자가
회전문은 돌아간다
유령은 유령의 자아를 타고
도르래, 그다음 도르래

>
번지는 눈물 따라 빛의 유동
패턴이 얼굴 위로 내린다
여기는 침대였던 것 같아

잤던 잠을 또 잔다 잠은 반복한다 꽃무늬 컵이 엎어진다
모르는 알약이 면도칼 위로 쏟아진다

방이 흔들린다 내민 손
회전문 속 그림자는
그림자를 찾지 못하고
숨바꼭질하는 유령들

흐르는 이미지
글씨는 유리 눈처럼 흩날린다
너는 이어 달리는데
잘린 팻말을 잘도 이해하는데

계단은 안개가 가득하다
새집에 심은 기밀처럼
불안의 좌표는
퀴퀴한 냄새를 풍기고
영원처럼 돌기 시작하면

유령이 훔친 속옷을 뒤집어쓴다

어지러워
어지러워
잔해를 비집고 벽을 노래해
열린 책에 시쳇말을 덧붙여
가지런히 놓인 찻잔
모르는 얼굴 뒤섞이고

눈을 떴다
빛을 망각한 천장이 무너지고 있었다

오래전 받은 슬픈 부탁이 생각났다

성춘향은 이몽룡을 모른다

성춘향과 이몽룡은 가끔 동일 인물이다
다른 꿈을 꾸다가 모르는 유원지의 카페에서 만났다

성춘향은 그네를 타다 자주 커피를 엎지른다
바닥에 얼음이 구르다 원두처럼 녹아내리지

그들은 과거에 멈춰 있었고
어떤 품종은 계수나무 아래에서만 자라서
공간 속에 품어 나가는 것, 그러나 관측되지 않도록 수학적 거세를 이어 나가며
머리 없는 뿔로 피카소를 들이받았지

성춘향은 이몽룡을 (더는) 모른다
망각은 피카소가 유명해지는 데 걸린 시간보다 빨리 지나가서

기억을 한 번에 들이켜 버리자 유영의 속도를 줄여 나가며
목구멍에 처넣는다는 표현이 더 어울리겠지만

이몽룡은 고대의 책에서 공룡으로 등장한 바 있다
거울을 이해하지 못하면 화석이 돼야 해
뷰파인더에 잡힌 성춘향은 이족 보행을 하지 못했다 그러나

얼굴을 매만져도 누가 누구인지 알 수가 있나

수학자가 계산기를 두드린다
성춘향과 이몽룡의 탄소 연대를 측정 중입니다 규모에도 순서가 있는 법°이니까요

라이브 카페에서 내가 색소폰을 불고 있었다

음악에 맞춰 둘은 춤을 추기 시작했다

° order of magnitude.

3부

영원을 위한 맥거핀

변장술

밤에 밑줄을 쳤다 창밖에는 소설이 내렸다 고양이가 거닐던 층에 유리알이 굴러다녔다 너의 동공을 닮은 빛이 이리저리 산란했다 이 세상에 없는 이에게 비로소 겨울로부터 살아남았다고 적습니다 나는 타인을 홀리는 세계에 살고 있었고 눈먼 형상으로 합창했다 고양이를 목욕시키다 남은 비누 거품이 거실까지 쏟아졌다 빈 밥그릇에 비눗방울을 채웠다 야옹거리며 허공으로 가득 찬 밥그릇을 핥았다 정체되는 밤에 눈썹이 자라났다

아르무아

 그림을 그리면 누구지 내가 면책한 적 없는 이의 얼굴이 떠오르고 붓의 향방은 기억나지 않아 뭉갠 연필로 박박 긁은 머리가 흔들의자 할아버지 지팡이 짚기 전에 앉은 호사 전등들이 컵에 빛을 따른다 너는 마시고 은은한 미소를 지을 것 당황한 기색이 없어도 선풍기는 미래를 향해 돌기 시작하고 구부러진 빨대로 우리 덮고 잔 이불 빨아들여도 시계에 쓴 진심 일그러진 차례로, 자세로 우리는 광각을 무시하고 있어 먼저 그린 사람의 용건은 어둑하고 네 굽은 등에 매달린 찬장에서 사랑이, 사랑이 쏟아진다

히에로파니

밤이 무서웠어
임파선 꿀꺽한 밤이

몸에 흐르는 게 이질적으로 느껴졌고
날 좋아하는 사람이 그렇게 많다고?

시계태엽 돌리고 와이어 타고
도심 한복판에 불 뿜는 용
Winston tastes good like a cigarette should!°

틀리기 쉬운 라벨이었다 (인정해)
사랑한다는 말이 어려운 건 아닌데
음정이 내포한 사실이 있다고 생각해

대각선 그리고
보조 장치를 하나둘 풀었지
지뢰는 발견하지 않았다
시즌은 가고 다음 시즌이 올 테니

불 꺼진 가게
술잔 부딪히며
고정익은 이전하고 있었지

이제 집에 가고 싶어요
하지만 불구가 된 감마
어디에서나 효모는 살아 있다

아리송한 미래 맞은 의자들
선입견부터 반으로 꺾였는데
종교가 형태를 띠고 있다니

4D 영화를 봤다
바닥과 천장 구분 어지러웠다

빛의 분포
길항하는 무명들
아빠, 여기가 끝이에요 (Dad, it's the end!)
죽음 너머의 문간은 없었어요

\>
그래, 사랑하는 딸아
이타적으로 자란 네 모습이 반가워
하얀 아메바처럼
미세하지만 예쁜

꿈의 언덕에 벗고 온 옷가지
망원경으로 진창 바라보자
고래고래 퍼붓는 빗줄기

나 여기 살아 있어요
여기서 이렇게 잃고 있어요,
모두 안녕!

모모는 어딘가에서 신이었을 것이다

° 1954년부터 1972년까지 사용된 윈스턴 담배의 광고 슬로건.

편안한 상태

요즘 어떠냐고 물으면
편안한 상태야
연민 없이 편안한 상태

아늑한 의자
척수까지 접히는 통기성
구멍 난 것처럼 송송
지워질 수 있는 곰보
위협은 뒤에서 몰려오는 것
무얼 하면 편할 수 있지?

쓰레기통 비우기
잘 자랄 재목 걷어차기
나만의 종교 만들기
아무 신화 필사하기
혹은 다시 부화하기

씨앗을 트럭에 심고
재즈는 해 질 녘에 틀어요

테이블보 끌어당기면
너는 돌연 눈물을 터뜨리네

이것이 모두 계산이라면
계산된 것이었다면
성냥이 촉발하는 일이라면

개미 태우던 장난
무고한 것을 활활
오렌지색의 밀회

어렸을 때부터 의문이 많았으니까요

신비철학°을 배웠다
기밀성은 유지해야 해
병원에 실려 간 토끼처럼
(끝까지) 귀여운 표정을 지으렴

이렇게

ε╱╱•･╱╱З

전류가 흐르지 않는다
낭만은 공명하기를 멈추지

칠이 다 벗겨졌지만
우리는 벽지로부터 힘을 얻어
다시 공갈 젖꼭지를 무는데

귀를 쫑긋 세우고
미는 사람들을 기억해
앙다문 입술 새로
새어 나오는 비밀을
엿들은 적 없고

미친 전압계는
사망을 가리킨다

가마솥은 완충을 향해

가마솥은 완충을 향해서
기압을 끝까지 올려요

터져 버릴 것 같아

밀어와 밀어를 배합해
오랫동안 계속한 관행

얼음으로 변장할 수 있잖아
밑줄을 다른 데 칠 수 있잖아
밀어는 밀어를 넘어서
미는 사람마저도 밀어서

너만 빼고 여기 모두 편안한 상태
구름처럼 자명하게 윤곽을 드러낸다

필립은 어떻게 지내?
희윤은 어디서 어떻게 지내지?

엘리자베스와 로버트
찰리와 찰리가 아닌 존재는 어떻고?

피터는 콩나무 타고 올라갔어
거기서 편안함을 누릴 것
베스는 반신욕만 30년째
엑스터시 남용한 건 아니고
맞다, 칼 루이스
걔는 달리고 있대 아직도
소문이지만 무조건 불편한 상태

그러니까
거기 너
여기서
가장 살아 있는 너를 빼고

도축된 것처럼 말이야
박제한 토끼처럼 빙긋

흉내 낼 수 있는 가장 귀여운 표정으로

길을 배회했다
누구의 근황을 물을 때마다
모두 입 모아 말했지

편안한 상태예요
기쁨이 가득한 이 거리에서는요

암막 속으로 사라진 사람들
떠올리지 않아도 됐다

비로소

무렵에서 멀어지고 있었다

° kabala

유실점

어제 실종된 아이가 비눗방울을 부는 걸 봤다
가짜 우상에 열광하는 군중들이 비현실적으로 보였다

길항하는 낮과 밤이 양손 가득 모이면
진화를 멈춘 제국의 앞머리가 잘려 나가는 것 같았고
문득 실종을 알리는 전단지에 입을 맞추고 싶었지

저걸 봐 빗속에 가려지지만 모습을 드러내는 것들 포유류가 꿈꿔 온 페르소나가 우산을 거꾸로 쓰거나 마이크 앞에서 죽은 단어를 지껄여대는 장면 그러나

햇볕에 탄 피부를 건조시키는 건 철학서나 시집이 아니야
레코드판으로 저글링하는 아이들이 암막 속에 숨어들고
오래된 재즈가 습관처럼 흘러나왔지만

살아 있는 이들을 전단지에 인쇄해야 할지 헷갈려서

나도 잃어버린 게 많죠 빗물에 축 늘어진 페도라 성격 차이로 이혼한 원앙과 지문처럼 복잡하게 얽힌 핏줄 따위가

유실물 센터에 남아 있어요 빗장을 풀지 못해 영원이 되었지만
　어떤 철학자는 비에 맞아 쓰러졌고 사내들은 간밤에 시청 광장을 불태웠고

　내일이면 세상이 없었던 것처럼 바뀔 겁니다

　아이의 실종 사건은 암막 속 오픈릴 테이프에 끝없이 기록되었다
　우리는 이를 연쇄 기술 사건이라 불렀는데

　무지개의 맨틀이 칼날 끝처럼 불안하게 흔들릴 때

　풍기는 불빛과 자욱한 냄새
　풍등처럼 떠다니고 있었지 재와 진흙을 넘어

　우리가 기르고 낳은 아이들은

소년 소녀 귀가기

물이 연하게 밀려나고 있었다
피부로 숨을 쉬고 있었다

찻물이 끓고 있는 풍경
붉은 목이 마당을 기어다녔다

소녀는 학교엘 갔고
소년은 한낮의 태양을 자욱하게 응시했다

모래톱 너머 일광욕하는
물결의 연한 살가죽처럼
파르르 떨리는 동공으로
우주의 경계를 톺아보면

문득 떠오르는 시초

예전엔 파랑과 우주가 하나인 줄 알았고
우주가 바다의 일부인 줄 알았다

그래서 모두가 우주인이었을 때
소녀와 소년은 외계인으로 자랐다

마당에 저녁거리가 내려앉고
소녀는 하교할 차례
사막을 횡단해 귀가할 차례

뭉개지는 찻잔과 우물
만물이 물거품과 겹칠 차례

어서 와

소년은 차를 홀짝이며
우주선의 시동을 건다

Psst…!

내가 모모가 되거나
담긴 그릇이 되거나

금속제 의자에 앉아서
보리수나무 넘어지는 것 본다

아래를 닦는 병뚜껑은
꺼지지 않은 지시등

모모는 무엇이든 될 수 있어요
베갯솜 흩날리는 활주로 위
붕대를 감은 새가 날고

검은 뿔이 찌르고 들어간 커튼
눈이 부시니까 그만 닫아 주세요

아이스 큐브 자른 솜씨로
모모의 손가락은 미닫이문에 잘렸고

밀리초로 사라지는 하얀 피
맥주 거품 물고 쓰러진
자르면 댕강 부러지는 대나무 순

프로펠러에 날개 휘말린다
관객들은 아기처럼 기우뚱하고

깃털과 뼈로 만든 평화의 상징
죽은 사람도 모모가 될 수 있나요?

교잡은 순식간에 일어나 여보 모모의 숟가락이 다시 자랄 때까지 기름종이만 깨물어야 해 백합 문양 그릇은 뒤집혔고 새로운 판도에서 □□가 움직인다 행성 아이들 네모에 들어가 네모로 나와 어른이 되고 레몬 껍질 사포에 자꾸 비비고

유사와 무사
잔해 더미 위에서 꽃을 물고
무희 둘 미뉴에트를 추고

둘 다 모모가 아닌 척
짐짓 취한 두상으로

내가 본 모모는 빡빡머리가 아닌데요?
비탄에 빠진 헛간 아이들

모노리스가 신비롭다는 건
빛이 주는 착각이라고요

모인 매연 위로
윙크하는 모모
찰칵하는 모모

테두리로 뇌수를 모아 모아
우리의 모모는 오늘도
달세계에 소원을 빌 거라고요

심령사진 찍으러 온 구조헬기
어느새 너무 많은 무희들

망연히 옷 벗는 아이들

당신은 누군가의 날씨
당신은 누군가의 먹구름
누군가의 새콤달콤
누가 부른 삑사리
누가 파놓은 구덩이

당신도 모모를 만난 적 있죠?
가증스럽고 정말 귀여운

□□

circuit

첫날이었다
가장 큰 수의 프로토타입
종려나무 앞머리에 잘려 나가고
손가락으로 야자 쪼개던

그날을 왜 우리는 첫날이라 불렀지?

권두에 나선 사람 있었다
그리운 심기 건드렸다
필라멘트 함성처럼 꺼지면
값이 값에 얽매이는데

완수하는 솔방울
원뿔 모양의 꼭대기

배음은 기본보다 위에 있었다

사랑과 죽음
안치하기도 전에

잠식한 시간
삑사리의 미학을 알겠니 교양도 없는 게

주춧돌에는 신이 깃들어 있다
절멸을 위한 시금석이 될 듯 그래서

모두가 사라진 해의 첫날
모두가 살았던 해의
레플리카
의 레플리카
독이 흐르는 거울
닦는 대로 번져서

덮개를 열었더니 산란하고
뻗었더니 레몬 동동 떠 있고
빙하에도 초안 있었다
실제로 그랬다는 사실은 차치하고

돌아온 고향에서

보결하는 알맹이와
그를 따라 움직이는 속셈

네 아름다운 과육처럼
편서풍에 마르던
한 뼘에 스며든 목숨

독이 잔뜩 오른 손으로
가장 투명한 턱 어루만져야지
견과류처럼 으깨 버려야지

비로소 처마에 자란 고드름은
유충처럼 새롭고
해롭기도 해

첫날이니까
떠올릴 수 있는 가장 처음을
입 모아 말해 볼까
이를테면

\>

점화하는 자연
피상에서 울리는 베이스
천장에서 솟구쳐서
마루로 들어가는 것들

수도꼭지 열었다
물길이 얼어 달릴 수 없어요 그러나
기지로, 기지로 계속 향할 것
미래는 더 얼어붙고 있으니까
빙판은 전복하고 있으니까

내 흉곽 찔러 시동 걸었다
뒤에 줄줄이 탄 것 같았다
질겁이 무엇인지 보여 줄게……

벽이 층층이 쌓이고
그 벽과 벽 사이로 아찔하게
묘기를 부리며

흐느끼는 소리

조금씩
갉아먹어
주린 배 채우면

유독 시리는
흔들흔들

사랑니

기우

내가 공터에 관목을 심었을 때
심장에 불어 터진 은화는 뒤집히지 않았고

일 년 내내 조용한 저수지에서
구름은 거꾸로 펼쳐지는 정황
비말 회오리가 일으킨 물거품
잠들어도 그대로 떠 있는 오리들 그러나

밤새 흠뻑 젖은 담요를 말리지 못했다
스틱스 강가에서 비눗방울을 불면
아이들은 터뜨리기 위해 쫓아가고
맹점은 보고 있어도 좀처럼 번지지 않아서

따뜻한 수빙과 부드러운 전선
우리는 누군가의 들이고
처마를 장식한 도공들의 자식이고
은화를 뒤집는 경기의 심판이었기에

내리는 천사채를 뒤집어쓰겠어

거울 속에 비친 유행을 믿지 않겠어

햇님반 선생님과 아침 재스민을 마시기로 했다
조기 축구에서 축구공은 전반전 내내 빗나갔다

볼 보이의 손이 그러쥔 주사위는
모두 같은 빗금을 그으며 떨어지고
같은 숫자만 나오고 있는데

그가 돌아봤을 때
그녀는 주변을 두리번거렸고
슬롯이 번쩍이며 돌아갔다

거리에 정향이 눈부시게 피어났다

아이들은 선명히 뛰어다니고
필름 통이 햇볕에 타기 시작했다

꽃무늬 벽지 커튼인 척 하늘거리면

\>

그녀는 재스민을 마시고 싶고
나는 꽃의 숨결을 들이켜고 싶었는데
그래서 우리는 어디로 가나요
그래서 어디로?

차를 파는 곳은 생각보다 많았지만…….

물총새는 뛰어들어서

공은 돌아오지 않았다
아찔하도록 팽팽해져서

도르래가 되고 싶었다
지칠 줄 모르는 도르래

지붕들이 무너지려고 할 때
닻 기둥이 마지막이었다
너만 잘하면 돼
아니 네가 잘해야 해

뜨거운 막대를 휘저어서
앉은뱅이를 구원할 수는 없었고
줄 달린 공이 날아갔다는 건
누군가 발포했다는 건데

대목에서 수사관은 고개를 끄덕인다

정점은 턱을 청명하게 울렸고

징 하는 소리와 함께 균열을
네가 아픈 걸 다른 사람은 몰라
너도 모르는 게 좋을 뻔했어

담요 덮고 술래잡기하던 시절
너는 셀 수 없는 수를 건넸다
나는 허수아비 인형을 건넸다

그렇게 우리는 둘 다 마구간에 갇혔고

수사관이 말했던 것처럼
줄의 신축성은 상당했지
사라지는 랜덤
흔들의자는 유동을 가진다

돌은 돌의 자국을 잊었다
냇가에 쪼그리고 앉아서

수음하는 아이들과

문의 화형식을 예비하던 우리는

이게 다 틀린 걸지도 몰라
그러나 떨림이
이 떨림이 우릴
하게 만들었어
이 순간을 기억할게
구호와 함께
동아줄을 잡고
공의 궤적
액자에 벼린 가족사진
부러진 턱을 으아악 부여잡아
소리라도 한없이 질러 보자고

가냘픈 쇠뭉치
밑창이 다 떨어진 워커 위로
손잡이는 끝내 녹지 않았고
여기가 인형의 집이라는 게
모두의 비밀일 때

>

가정은 보통 상냥하게 구성된다
나는 도르래가 되고 싶었다

담요가 움푹 파여
솜이 북북 터져 나오면
솜의 결정에 맺힌
꿈의 투시

끝까지 공을 믿은 줄의 점묘법
순환하는 도르래처럼 *이고 지고, 이기고 지고……*

물수제비 하는 아이들은
냇가에 던진 돌이 왜 아직 돌아오지 않는지 궁금해했다

바구니 가득 증류하는

단단한 잔이 있어

맥아 벌레에 물려도
베버리지 (여전히) 달콤하지

눈물에도 품종이 있대
예술적 가교로 알아낸 것

지지한 유형
거듭 무너져
망해 버린 경주
울음소리만 가득

재간 좀 부려 보렴
수치심 게이지 차오르고
독박 쓴 저금통 가르고 싶어요

그러니까 오랜 내 모델은 요조
밉다고 해도 점점 귀속해

\>

몇 명 거쳐 갔는지도 모르는데
벌써 결혼식 올리는 마음
가드를 떨어뜨리긴 뭐가

기어코 베버리지
기어코 베버리지

칼도 없는데 풍경 소리 징징
(미스터리야 그것참)
파티인데 난교 파티가 아니라니

용지를 펴놓고
등에 참깨도 뿌려 놓고
그건 네가 알 바 아냐
그건 내가

마스카르포네 으꼈다
은박 심장 담아 마셨다

\>

젠가도 말을 했으면 좋겠어
붕괴할 결심 이해하고 싶어

여기서 잔 떨어뜨리면 됩니다 (찰칵)

아무것도 밝히지 않아
네 얼굴 공제하면 아무것도
여과는 했는데 부산물 아니에요
서울 올라올 때 꿨던 꿈도 아니고

꽃 피는 식물과 피지 않는 꽃
비벼서 차갑게 해줘
가루에 넌 에취 하겠지만
가시에 찔리는 것보다는 낫겠지

낙서를 할 거면 크고 기쁘게
누굴 죽여도 크고 기쁘게

성대한 베버리지

지리멸렬한 화면

미지의 마음 환호할 준비

양털을 통솔하는 시대는 갔으니까

궤도는 무한히 벗어나지 않으니까

휘파람 소리

다과회 마치는 말씀

뽀루지 터뜨리며

발 동동 굴리고

파자마 속 궁금해하며 그저

베버리지, 베버리지……

잔은 좀처럼 깨지지 않지

마루가 부러지고 희디흰

똑같이 낡은 파도
백의도 입지 않고

프리즘은 무채색으로
지하실에서 숨만 쉬는데
자동 검안계 작동한다
저번보다 눈이 나빠지지는 않았네요?

가끔 장소는 끈으로 묶일 수 있다
철컥
어떤 금을 가리킬지는 내 마음

네가 그토록 날 찾은 이유가 이거였어?

바깥쪽으로 끼우는 그림자
서로를 연결하고 있지
치료 거부하는 중이지

모두 익사하세요 모두

익사하지 마세요 모두

해변의 카나리아
뗏목을 타고 떠나는 손길
머리띠가 머리를 관통하다

겨울을 따라
수륙양용 천막 치고
한참 껴안고 있을 거야
아니 안고 있는 게 아니라
아니 믿고 가는 게 아니라
천막으로 덮지 않고
방어기제 작동하지 않고
머리띠를 두르지 않고
익사하는 데 익사하지

다이빙
에어백 터진다
흰옷 붉게 물든다

물감이야 으하하
카메라 가리킨다
나도 웃어야 해?

바늘을 뽑은 것처럼
돌기 아파졌다
몸에 좋은 침이 있고 아닌 침이 있다

여기까지 올 줄 알고 있었지……

포고한 기밀
무감각은 생생한 기억에 쓰인다

내가 너의 신전이 될 수 있을까
수색하는 눈꺼풀
외연만 영원할까

선생님 잠깐만요
외칠 때 나는 이미 죽은 뒤였고

\>

부표만 떠다니는 호시절
모르는 척 다가오고 있었다

조영술

블루라이트가 켜졌다
골목의 배후를 망원경으로 관측했다

판독관들이 각자의 의견을 낼 때
토끼가 멸종했다고 말할 수 있어?
세계가 날조됐다고 말할 수 있어?

토끼가 고양이 꼬리를 달고 이웃집에 숨었다
야옹 소리는 아무나 낼 수 있는 게 아니니까

세계지도를 펼치면 카라바오가 없었다
그럼 어디서 하는 경기냐 물으면
모두 라틴어 하는 척했고
그러니까 한글은 위대합니까

멀리서 버저가 울렸다
지금부터 우리는 물의 근원을 찾을 거야
트렁크에 앞발을 올려놓고
럼주를 마실 때마다

시트지가 한 겹씩 벗겨지고
불결한 것은 음미하지 말아요

당신의 그림자마저 나의 것이 되었으면 해
완전히 겹치면 입으로 하지 않아도 되잖아

우리는 오래된 모노폴리를 하는 중
주사위가 굴러가는 순서대로
헤어볼을 집어 먹어야 해
킥오프가 악천후로 지연되면
더 천천히, 천천히 삼키면 된다

그래서 몇 시에 하는 경기라고요?

우울한 편곡을 마친 테이크 온 미
크게 틀어 놓고 속여 줘 나를
운동화 끈과 하는 사랑은
토끼 귀 접기처럼 쉬웠겠지만

표백한 기저귀 겸연쩍은 시트지
비탈길을 달리는 기분과
파괴를 상상하는 시간

땀 흘린 선수가 드링크를 마신다
마신 드링크를 조수석에 따른다
따르고 마시고 천장에도 흐르고

판독관 하나가 갑자기 경기장에 난입해
양팔로 크게 엑스 자를 그린다

이 표시로 이기리라°
라바룸기(旗)를 든 볼 보이가 크게 외치면

묵념은 비로소 시작한다

° *In hoc signo vinces.*

아스키 연애

누나 우리 같이 러브 라이브 보기로 한 거 아니에요?

우리의 사랑이 춤을 춰
살아서 숨을 쉬어

코끼리가 야구 모자를 눌러쓴다
방망이를 세게 그러쥔다
귀가 짓눌려서 아파 보여요
"쇼윈도를 깨부수겠어……"
다짐하는 그

전주에 갔고
우린 동물원에 있었지
풍선이 터질 것처럼 맑았어
공주님 놀이를 할 수 있을 것 같았지

빈티지 주크박스에서
시인 남친
시신 시절에 부른 노래 나온다

무당이 유골함을 탈탈 턴다

시킨 대로 물푸레나무 두드렸다
두 발의 총알이 관통했다
바이킹 휘둘리는 마음대로
도끼가 파도를 갈랐다
부실 공사 인간 휘말렸다

미쳤나 봐 사랑한다는 생각에
내 몸에 666을 새긴다니

누나는 일확천금을 노린단다
한편에서 마작판이 벌어졌고
여기는 아케이드로 읽혔는데
불확실한 구도 속에서
코끼리의 무대는
가학적인 끝맺음

핑크 벨벳 떨리며 흐른다

땀방울처럼 눅진하게
나는야 동경 샌드블라스터!
(라고 거리에서 외치고 싶다……)

유리공예를 하듯
널 섬세하게 깎아 줄게
누나가 한때는 톱질 좀 했단다
원데이 클래스가 투데이도 됐단다

아가야, 한 바퀴로 충분하지 않아
믿어 봐, 무지개에도 끝이 있다고
달리는 차를 멈추지 말아 봐
맞은편에 오는 트럭은 멈춰 봐

네일을 하고 싶었어
물든 손톱으로 친구를 할퀴고
상처가 예쁘니까 괜찮다고 하고 싶었어

우리의 영혼을 망친 죄로

더는 시를 쓰지 않는다고 거짓말했는데

이제 나는 춤추는 소녀
삐리링 변신하는 요술공주
비눗방울 나풀나풀
풀피리 필릴리립

교환원이 바삐 손가락을 놀린다
장전한 물총처럼 탄력 있게

연인들의 대화가 한데 혼선된다

그렇지만 미묘한 이데올로기
목걸이와 야생이 없는 길섶에서
선택을 하지 못하고 있을 때

세상에는 어떤 차라리가 있어 누나?
그러니까 음
내가 그날 클럽에 가도 돼?

그니까 흠
내가 그날 엉아들이랑 술 마셔도 돼?

누나랑 친구야
누나랑 같은 사람이야
누나처럼 질투도 해
누나처럼 사랑도 해
사장인데 모래사장이야
서커스에서
코끼리가 한 바퀴만 돌지 않는 것처럼
피에로 엉아가 갈고리로 거시기를 만졌던 것처럼
마미가 죽은 내 불알 만지는 기분을 알아?

시간은 고간 사이로 흐를 거야
모션 아이는 생체를 스캔하겠지
어떤 장기가 값어치 있는지

하지만 나중에 우리 늙으면 누나
강변에 집 짓고 같이 살자

해일에 휩쓸리면 어쩔 수 없는 거지
트럭을 손수건으로 막아서 뭐 해

그니까
마작판은 언제 끝나냐고
동물원은 언제 폭발하냐고
누나 셀카는 언제 보내 주냐고

아 그니까 다 됐고 우리
빼뻬코 하나씩 들고

러브 라이브 마지막 회 언제 보냐고

영원을 위한 맥거핀

시네마에서, 시네마에서
부러진 부채를 들고 웃고 있었어 넌

바커스와 술을 마시다 진탕 취해서
영원한 치통을 앓게 된 사내와
어깨동무를 했다 반쯤 죽어서
가로등 없는 거리를 배회했고

그래서 거기는 시네마였네 그들은
누아르를 향수처럼 뒤집어쓴 채
각자 쓴 서정시를 들리지 않게 낭송했지

몸에 만트라를 새긴 여자와
매일 다른 반다나를 쓰는 남자가
송곳으로 붉게 쓴 대본을 놓지 않고
서로의 몸을 차갑게 애무할 때

시네마와 시네마 사이에서 배우들은
무곡이 흐르고 춤을 추는 것처럼 보이지만

우리는 울음을 압축해 사탕처럼 굴리며
다음 배우를 고대하고 있었지

그러나 빈 프레임 속에 누가 나타날까
사라지지 말아 줘, 불러도 맴돌기만 했어
목소리는 픽셀처럼 웅얼거리며
이명은 빗나가기 위해 존재하니

다이어그램의 모서리마다 누가 매달려 있었다
빙빙 돌며, 검은 연기가 태양열처럼 내려앉으면
뼈대부터 녹는 건 그리 어렵지 않다고 생각해

그러니까 시네마에서, 시네마에서
팝콘 같은 안개가 잔뜩 낀 구석 한편에서
베레모를 뒤집어쓰고 서로 다른 얼굴이 되어
축사가 사라진 결혼식이라 상상하며 우리는
지켜지지 않아도 될 약속을 속삭이자
파형의 빗변을 타고 미끄러져 내려오자
실패가 가능할 때까지

\>

비현실에도 현실이 있다고 생각해

끝내 말하지 않음으로써
영원이 되는 순간이 있다고

생각해

노스탤지어와 몇 가지 장면

최필립
산문

노스탤지어와 몇 가지 장면

 꿈은 아주 작아서 주머니 안에서 잘 부서졌다. 나는 한 번도 그걸 꺼내지 않았고 그래서 늘 새것이었고. 무언가 되려다 만 날들이 가만히 침대맡에 쌓였지. 그 옆에 투명한 물컵을 놓아두었지. 사람들은 늘 내가 없는 쪽으로 손뼉을 쳤어. 모두 일어납시다. 이런 풍경을 그저 앉아서 볼 수는 없으니까요. 기립박수가 이어졌지. 아주 오랫동안 공명하며. 그럴수록 나는 더 천천히, 안 보이는 쪽으로 기울어야 할 것만 같았고. (인간은 한쪽으로 기울어지는 동물) 아주 사소한 칭찬, 목덜미에 스치는 정도라도 좋을 것 같았지만. 하지만 저는 당신의 속삭임조차 들을 수 없는걸요. 나는 미래의 고요한 방 안에. 바닥엔 빛이 조금씩 젖는 듯 흐르고. 내가 사는 세계에는 아무도 찾아오지 않아서, 사라지는 법을 아무에게도 설명할 수 없게 되었다면. 그게 조금은 아팠다고 말해도 될까.

*

 이 노스탤지어는 몇 가지 장면으로 구성되어 있다. 가끔은 내가 직접 경험한 것이기도 하지만, 꿈에서 경험한 장면도 몇 가지 섞여 있다. 더 이상 존재하지 않거나 절대로 존재하지 않았던 고향에 대한 그리움처럼.[1] 나는 아주 어릴 적 홍차에 적신 마들렌 조각[2]을 한입 했을지도 모른다. 나도 모르는 사이 한 번도 살아 본 적 없는 시간을 통째로 그리워하게 되다니. 내게 과거는 낯선 나라[3]에 가까웠다. 일상에서도 과거의 재건은 끊임없이 반복되고 있다. 몇 해 전 혼자 제주도로 떠났던 기억이 있다. 제주목 관아라는 조선 시대 관청 근처에 있는 숙소에 머물렀다. 한국은 비통한 역사를 지닌 나라이고, 성한 문화재가 별로 없다는 건 느슨하게 알고 있는 사실이었다. 제주목 관아는 아름다운 곳이었으나, 많은 부분이 소실되었고, 많은 부분이 최근에 재건된 채로 남아 있었다. 나는 당신에게 이 슬픔을 공유했고, 당신은 해인사나 석굴암, 하회마을 같은 복원 작업을 최소화한 채 과거 모습을 유지하고 있는 곳들을 추천해 줬다. 그러나 당신은 하나는 알고 둘은 모른다. 그곳들에는 현재의 사람들이 너무나도 많다. 현재의 사람들은 현재의 일을 하고 있고, 과거의 일과는 멀어지고 있다. 침묵 속에 수많은 이야기를 함축한 주춧돌을 껴안는다거나, 시간으로 촘촘히 짜인 직물인 고서를 넘긴다거나 하는 나의 현존적 갈망을 해소할 수단은 정녕 존재하지 않는 것일까. 현재의 사람 없이. 현재의 간섭과 무관하게. 그래서 나는 고대의 녹슨 투구 따위를 쓰고 쥘 베른처럼 몽상 속 망망대해를 헤엄치고 싶다고 생각했다. 그 투구에 무슨

---

1) Svetlana Boym, *The Future of Nostalgia*(2001).
2) 마르셀 프루스트, 『잃어버린 시간을 찾아서』.
3) David Lowenthal, *The Past Is a Foreign Country*(1985).

정령 따위가 깃들어 조난한 나를 바닷속에서 구해 주길 기대하지는 않는다. 특히 영원히 소실된 것들, 영원의 빗장이 내려앉아 봉인된 것은 나를 뭉클하게 한다. 깊은 곳에서 천천히 뜨거운 기운이 올라오는 것 같다. 슬픔과 새들과 숟가락에 비친 표정과 벽에 드리운 처음 보는 그림자, 멈춘 자명종의 태엽, 달력의 어제, 차가운 콘크리트, 밤의 냄새 같은 것……. 그러니까, 나는 아무도 모르는 과거로 훌쩍 떠나 현재의 사람들과 멀어지고 싶은 것이었다. 우리가 과거라고 부르는 것은 단순히 있었던 사실의 기록이 아니다. 나는 평면적으로 사실이 흘러간 자국이나 보며 웃음 짓지 않는다. 그 당시를 살아간 사람들이 내린 복합적 결정을 추정이 아닌 아주 명확히 몰이해하고 싶은 것이다. 그리고 그 오해를 기반으로 그들을 막연히 사랑하고, 정령처럼 나를 지키던 녹슨 투구를 벗어 던져 지나가는 아이에게 씌워 주고 싶은 것이다. 나는 이런 뭉근한 믿음을 신앙처럼 여기기도 했다.

*

포스트모던 향수 영화는 비역사적 재현, 텅 빈 파스티슈[4]*. 낡은 비디오테이프 속, 색 바랜 가족사진이 지직거린다. 웃음은 멈췄고, 눈동자는 텅 비어 있다. 네온사인 간판이 깜빡이는 뒷골목, 눅눅한 공기 속에서 잊힌 팝송의 후렴구가*

---

4) Fredric Jameson, *Postmodernism, or the Cultural Logic of Late Capitalism*(1991).

찢어진 채 흘러나온다. 가사는 없다. 쇼윈도 안, 먼지 쌓인 마네킹들이 유행이 지난 춤을 추고 있다. 그들의 손목에는 스마트워치가 채워져 있다. 플라스틱 꽃잎 위로 떨어지는 인공 비. 빗방울은 투명하지만, 아무런 소리도 내지 않는다. 냄새도 없다. 깨진 거울 조각들, 그 안에 비친 도시의 풍경은 뒤틀리고 있다. 어느 계절인지 알 수 없는 빛이 스며든다. 낡은 레코드판 위, 바늘은 헛돌고, 삐걱거리는 소리만이 반복된다. 그 소리는 한때 사랑했던 이의 목소리를 닮았다가, 이내 사라진다. 안개 낀 고층 빌딩 사이, 거대한 홀로그램 광고판이 흐릿하게 빛난다. 한 여인의 얼굴이 웃고, 울고, 다시 웃는다. 그녀의 눈빛은 너무나 진짜 같아서, 오히려 더 가짜 같다.[5] 빗물에 젖은 아스팔트 위로, 낡은 택시의 헤드라이트가 길게 번진다. 그 안에는 아무도 없다. 혹은 너무 많은 그림자가 있다. 옥상 정원의 시든 난초, 그 옆에는 녹슨 드론이 웅크리고 있다. 한때는 하늘을 날았을 것이다. 철저히 하늘을 날기 위해 설계했을 것이다. 어둠 속에서 번쩍이는 눈동자들. 그들은 꿈을 꾸는가, 아니면 꿈을 해독하는가. 낡은 필름 느와르 속에서 과거는 미래의 잔해 속에서, 끊임없이 재조립한다. 하지만 그 조각들은 결코 완벽하게 맞춰지지 않는다. 영원히.

네가 생각하는 게 뭔지 알려고 하면 병이 시작되었다. 긴 우울이 시작되었다. 내가 겪었던 것과 같은 일이 스크

---

[5] 「블레이드 러너」(1982)를 보고.

린 안에서 똑같이 벌어지고 있었고. 그 영화를 좋은 영화라고 말할 수는 없겠지만. 너의 알 수 없는 마음에 대한 난제는 너와 이별하고 나서도 이어지고 있었지. 나는 너로 인해 투병하지만, 투병기를 같이 쓸 수는 없는 것처럼. 그때 참 좋았지. 더 아름다웠지. 우리는 더 건강했지. 더 문명화되었지[6]. 땅이 움직인다니, 그리고 그 땅과 땅이 맞닿아 마찰이 빚어지고 (어디선가 우리는 또 잘 해내고 있겠지만) 우리도 땅이 움직이듯 각자의 자리에서 천천히 움직이다 보면 어디선가 다시 마주칠 수 있다니. 하지만 우리가 같은 지각을 밟고 있는 동안에도 너와 나는 과거를 그리워하고 있었는지도 몰라. 그리고 나의 투병은 이어지고 계속 이어지고 있다. 영화관을 나오고, 나는 답이 없는 너에게 속으로 우리가 열렬히 토로했던 향수적 주장의 진실성, 정확성과 완전성[7]을 묻고 있다. 너는 부산에 다녀온다고 했다. 나는 새해를 맞아 부산에 다녀왔다. 너는 부산에 가고 싶다고 했다. 아주 오래전부터. 나는 너와 부산에 갈 수 있기를 고대했다. 너는 가끔 동유럽의 추운 마을에 있었고, 언젠가 지중해 근처 식당에서 그리스식 요리를 먹고 있을 것이라는 상상도 할 수 있었다. 너에 대해 어떤 상상도 할 수 있다. 그러니까 어떤 계제로부터 계제까지든, 너는 성실히 내가 투병의 방식으로 이어 갈 수밖에 없었던 이 사고실험을 실제로 해내고 있다. 계속 다음이 있는 것 같았다. 계속 다음이. 끊임없이 다음을 꿈꾸고, 하지만 다

---

6) Fred Davis, *Yearning for Yesterday: A Sociology of Nostalgia*(1979), 18쪽.
7) 같은 책, 21쪽.

음으로 넘어갈 수 없음에 좌절하는 내 모습이 어릴 적 했던 실버 서퍼 게임[8]을 떠올리게 했다. 그 게임은 배경의 모서리에만 부딪혀도 게임 오버가 되었는데. 그럴 때마다 실버 서퍼는 은색 서프보드 위에 주저앉아 눈물을 펑펑 흘리고 있었다. 그냥 웃기고 재미있는 장면일 줄만 알았는데 우리가 헤어진 을지로에서, 그리고 광화문까지 비를 맞으며 정처 없이 걷고 있는 내 모습이 그의 처지와 적확하게 겹칠 줄이야. 그러니까 투병의 방식이 아니라도 이 끝나지 않는 향수병을 극복할 수 있는 거야? 노스탤지어를 아무렇지 않게 마구 해부하는 네 손길이 가끔은 잔인하게 느껴지기도 했는데. 그러나 언제든 너는 내 품에 안겨 사실은 나도 정말 힘들었다고, 우리가 할 수 있는 건 그저 병을 키우는 것 말고는 할 수 있는 게 없다고 말해 줄 것만 같았지.

너와 나는 전시회장에 있었다. 우리는 「버진 로드」[9]라는 설치미술 작품을 마주쳤다. 벽면에는 만화처럼 전투 장면을 재현한 그림[10]이 그려져 있었고, 전시회장의 가운데에는 면사포로 둥글게 만든 공간 안에 TV가 있었다. 안에는 남녀가 있었다. 공간이 너무 좁아 우리가 들어갈 자리가 없었다. 남자는 송출 중인 영상이 괴로워서인지 굳은 표정으로 나왔다. 우리는 헤드폰을 나눠 끼고 훔쳐보듯 면사포를 걷어서 TV 속 화면을 응시했다. 영상 속에는 신부 둘이 등장하는데, 팔이 잘리고 내장이 튀어나와서 하얀 버진 로

---

8) Silver Surfer (1990), 소프트웨어 크리에이션즈 개발, 아카디아 시스템 유통.
9) 「버진 로드」, 류한솔(2021).
10) 「츄-윙」, 류한솔(2021).

드가 시뻘겋게 물들었다. 헤드폰에서는 신나는 결혼행진곡이 계속 흘러나왔다. 나는 가만히 서서 두 눈을 질끈 감았지만, 호기심이 많은 너는 그런데도 내용이 궁금했는지 쪼그려 앉아 그 면사포를 들쳐 영상에 집중했다. 마지막에는 머리와 팔이 없는 신부 둘이 껴안으며 영상이 끝났다. 너는 알 수 없는 표정으로 서 있는 나를 바라봤다.

 나는 그 순간, 우리의 이별을 직감했다.

 꿈은 아주 작았고 자주 생겨났다. 아주 작아서 잘 부서졌고, 그 꿈들이 부서져 응괴를 이뤘다. 마치 하나의 거대하고 지저분한 폐곡선처럼. 네가 좋아서 네 생각을 하려 했고, 오래된 꿈이 좋아서 그 꿈을 좇았을 뿐이다. 나는 다시 저점으로 돌아오고 있다. 여기서부터 나는 검토되지 않은 또 다른 믿음을 실험해 볼 작정이다.

타이피스트 시인선 011
밤새 여진이 있었어

1판 1쇄	2025년 10월 30일
지은이	최필립
펴낸곳	타이피스트
펴낸이	박은정
편집	박은정
디자인	코끼리
출판등록	제2022-000083호
전자우편	typistpress22@gmail.com
ISBN	979-11-993653-7-7

© 최필립, 2025.

º 책값은 뒤표지에 있습니다.
º 파본은 구입처에서 교환해 드립니다.
º 이 도서의 판권은 지은이와 출판사 타이피스트에 있습니다.
  양측의 서면 동의 없이 책 내용의 전부 혹은 일부의 재사용을 금합니다.